AF309513

127 n
33951

NOTICE

SUR

MADAME DE NOIRON

NÉE

CÉCILE-AGATHE-ÉLISABETH

BROQUARD DE BUSSIÈRES

« Nam et testimonia meditatio mea est, et concilium meum
« justificationes tuæ. »   (Ps. 118, v. 20. Office de Prime).
Vos commandements ont fait l'objet de mes méditations, et
votre loi a dirigé ma vie.

« Religio munda et immaculata apud Deum et Patrem hæc
« est ; visitare pupillas et viduas in tribulatione eorum, et
« immaculatum se custodire ab hoc sæculo. »
                              (Epist. S. JACOBI, cap. 1.)
La piété pure et sans tache aux yeux de Dieu notre père
consiste à visiter les orphelins et les veuves dans leur affliction, et à se préserver de la corruption du siècle présent.

SAINT-QUENTIN

IMPRIMERIE DU CONSERVATEUR DE L'AISNE

5, rue Saint-Jacques, 5

—

1883

APPROBATION

DE MONSEIGNEUR L'ÉVÊQUE DE SOISSONS

Soissons, le 7 février 1883.

Des personnes compétentes Nous assurent, après examen, que la *Notice sur Madame de Noiron, née Cécile-Agathe-Elisabeth de Bussières* ne présente rien que de vrai, de bon et d'édifiant, Nous en autorisons volontiers l'impression et Nous souhaitons que la mémoire de cette vénérable dame soit utile après sa mort comme ses exemples et sa charité l'ont été pendant sa vie.

† ODON, *Ev. de Soissons et Laon.*

AVANT-PROPOS

Il est des vies qui s'écoulent dans le silence, la retraite et l'éloignement de tout bruit et de tout éclat, et qui cependant produisent autour d'elles une impression sérieuse et durable. Semblables à ces modestes fleurs, symboles de l'humilité, elles n'aspirent qu'à se cacher, mais le parfum de leurs vertus les trahit et laisse deviner la richesse des dons qu'elles possèdent et dont leur modestie leur dérobe à elles-mêmes la connaissance. Ou encore comme ces rivières qui coulent lentement et sans bruit au milieu des prairies, à peine aperçoit-on le sommet des hautes herbes qui indiquent leur lit, mais elles vont répandant partout la fécondité et l'abondance, et c'est lorsqu'elles viennent à tarir que l'on en aperçoit tout le prix.

Telle a été la vie de Madame de Noiron. On n'y verrait rien d'extraordinaire si une vie entière toujours réglée par la Foi, toujours animée par la Charité, n'était pas une chose extraordinaire. Aussi, malgré sa grande simplicité et son extrême modestie, son souvenir restera, parce que Mme de Noiron a été une véritable chrétienne, une chrétienne dans toute l'ampleur que l'Eglise donne à ce mot. Pour elle, la pratique de la Religion c'était l'accomplissement de ces paroles de N.-S. J.-C. : *Si quelqu'un veut venir après moi, qu'il se renonce lui-même, qu'il porte sa croix, et qu'il me suive.* Elle ne comprenait pas qu'il pût en être autrement, et toute sa vie n'a été que la réalisation de ces préceptes de notre divin Sauveur. C'est ainsi qu'elle a pu atteindre à une hauteur de vertu peu commune, laisser un souvenir profond dans le cœur de tous ceux qui l'ont connue, et accomplir des œuvres qui la feront longtemps bénir.

Beaucoup des personnes qui l'ont approchée, qui ont admiré sa charité et que sa vertu en apparence si ordinaire a cependant vivement frappées, voudraient avoir quelques détails sur cette existence qui n'a laissé voir au dehors que les actions de la vie commune, mais élevées et surnaturalisées par la Foi, et sur sa fin si chrétienne et si édifiante.

Répondant à ce pieux désir, nous allons parcourir rapidement la carrière de Mme de Noiron, et après avoir dit un mot de sa famille, nous considérerons :

1° Son éducation ;

2° Sa vie ;

3° Sa mort ;

car une bonne mort est le fruit et la récompense d'une sainte vie, et une sainte vie est ordinairement la conséquence d'une éducation chrétienne.

Rien ne saurait mieux résumer cette

existence humble et cachée en Dieu que cette parole qui servit de texte à son oraison funèbre prononcée dans l'église d'Arcy-le-Ponsart : *Elle a su bien vivre, elle a su bien mourir !* C'est la première de toutes les sciences.

NOTICE

SUR

MADAME DE NOIRON

NÉE

CÉCILE-AGATHE-ÉLISABETH

BROQUARD DE BUSSIÈRES

I

L'ÉDUCATION

M. Charles Broquard de Bussières, père de Mme de Noiron, appartenait à l'une des plus anciennes et des plus considérables familles de la Franche-Comté. ...« Le Parlement de Besançon avait compté au nombre de ses conseillers les plus influents par leur nom, leur fortune et leur mérite son père Claude-Ferdinand Broquard de Bussières, et son grand père, Broquard de Lovernay. Avant la réunion de la Franche-Comté à la France, à l'époque où cette province dépendait de l'Empire germanique dont elle faisait l'un des plus brillants et des plus précieux joyaux, sa famille paternelle y avait occupé, tant dans

1

l'ordre civil que dans l'ordre militaire, les plus éminentes positions.

Deux de ses membres furent gouverneurs de la cité impériale de Besançon. Un de ses grands-oncles, Broquard de Lovernay, devint lieutenant-général gouverneur de Perth, où il mourut comte du Saint-Empire. » (1).

M. Charles de Bussières, après de brillantes études, était entré à l'Ecole polytechnique en 1809. Il en sortit officier du génie en 1811, et il joua un rôle actif dans les désastreuses campagnes de 1813, 1814 et 1815.

Après Waterloo, il rendit à notre armée d'importants services dans cette difficile retraite, et il fit preuve d'une habileté et d'un courage qui furent justement remarqués. Ce fut lui qui attaqua le pont de Wavres, en tête de sa colonne, défendit le pont de Namur et soutint l'extrême arrière-garde de notre armée.

M. de Bussières continua de servir sous la Restau-

---

(1) (Extrait de *La Renommée*. — Biographie générale des députés. — Notice biographique sur la vie et les travaux de M. Broquard de Bussières, député. — *Dédiée aux Electeurs de Reims (Marne)*.

.ration. Il était capitaine à l'état-major du génie quand
il quitta le service en 1822. » (1).

En 1820, il avait épousé à Soissons Mlle Elisabeth
Lévesque de Pouilly.

La famille de la jeune épouse ne le cédait en rien
pour la noblesse et la distinction à celle de M. de
Bussières. Plusieurs de ses ancêtres s'étaient illustrés
ou comme savants ou comme administrateurs de la
ville de Reims. En 1756, on disait dans l'Eloge historique de l'un d'eux : (2) « que sa famille était depuis
longtemps dans cette ville ce qu'étaient à Rome ces
familles patriciennes, qui, moins par l'éclat de leur
fortune que par celui de leurs vertus, transmettaient

---

(1) Extrait de *La Renommée.*

(2) Louis-Jean Lévesque de Pouilly, auteur de la *Théorie des
sentiments agréables,* dont la vie a été mise au concours par
l'Académie de Reims.

M. l'abbé Genet, chanoine honoraire de Reims, aumônier
du Sacré-Cœur de Charleville, a présenté pour ce concours
deux Mémoires, dont l'un est une Etude sur Louis-Jean
Lévesque de Pouilly, et le second une autre Etude sur ses
frères, Lévesque de Burigny et Lévesque de Champeaux, et
sur son fils, Jean-Simon Lévesque de Pouilly.

Ces études historiques, couronnées par l'Académie de
Reims, ont été publiées en 1821, sous le titre : *Une famille
rémoise au XVIIIe siècle.*

à leurs enfants le droit de posséder les premières places et l'estime de la République. » (1).

M. Pierre-Elisabeth de Pouilly, père de Mme de Bussières, avait passé sa jeunesse à l'armée, et y avait mérité de très honorables distinctions.

La ville de Reims, toute pleine encore du souvenir de ses aïeux (2), le nomma député sans même qu'il se fût présenté. Plus tard, lorsqu'il renonça à la députation, son gendre, M. de Bussières, le remplaça à la Chambre, et y occupa à son tour, par ses connaissances et son talent de rapporteur, un rang très distingué parmi les hommes utiles.

---

(1) Extrait de l'Eloge historique de M. de Pouilly.

(2) Louis-Jean Lévesque de Pouilly, orphelin de très bonne heure, se consacra à l'étude avec tant de passion que l'Académie des Inscriptions et Belles-Lettres s'ouvrit d'elle-même pour le recevoir en 1722. Il était alors âgé de 31 ans.

Voltaire a dit de lui qu'il raisonnait aussi profondément que Bayle, et écrivait aussi éloquemment que Bossuet. — Célèbre par plusieurs ouvrages d'une grande érudition, honoré de l'amitié de bon nombre des sommités intellectuelles de l'époque, parmi lesquelles nous citerons : Daguesseau, Newton, Voltaire, Bolingbroke, il préféra à sa gloire personnelle le bien de son pays, et nommé lieutenant des habitants de Reims, il consacra son intelligence et ses forces à doter cette ville d'établissements utiles. La cité rémoise lui a témoigné sa reconnaissance en donnant à

C'est du mariage de M. Ch. de Bussières avec Mlle de Pouilly, que naquit à Soissons, le 26 octobre 1822, Cécile-Agathe Elisabeth Broquard de Bussières, dont nous écrivons la vie.

Sa naissance combla de bonheur et les jeunes époux et tous leurs parents ; aussi fut elle dès le berceau environnée des plus tendres affections au milieu desquelles son cœur s'épanouit comme une fleur sous les rayons du soleil.

Son enfance et sa jeunesse se passèrent au sein de

---

l'une de ses rues le nom de *Rue de Pouilly*, qu'elle porte encore aujourd'hui.

Héritier de sa science et de ses talents, son fils, Jean-Simon de Pouilly, fut comme lui membre de l'Académie des Inscriptions et Belles-Lettres et lieutenant des habitants de Reims. Plus tard, il fut promu à la charge de président du Présidial de Reims, charge qu'il occupa avec beaucoup d'honneur jusqu'à l'époque de la Révolution. A ce moment, il se retira dans sa propriété d'Arcy-le-Ponsard, dont son père était devenu possesseur et qui avait auparavant appartenu à son grand-père maternel, Messire Louis Roland, vicomte d'Arcy-le-Ponsard. Il mourut en 1820. Auteur de plusieurs ouvrages historiques, il avait aussi composé un ouvrage philosophique, intitulé : *Théorie de l'Imagination*.

(Voir : *Une famille rémoise au XVIIIe siècle*, par M. l'abbé Genet.)

sa famille. Guidée par une mère aussi prudente que pieuse; entourée de soins vigilants et affectueux, sous les yeux d'un père qui la chérissait tendrement, elle faisait doucement et sans secousse ses premiers pas dans le sentier de la vie, et de cet heureux temps elle n'avait conservé que des souvenirs de paix, de calme et de bonheur.

Sa mère, la femme forte de l'Ecriture (1), l'élevait avec une virile et plus encore avec une chrétienne tendresse. L'âme de son enfant, voilà quel était son continuel souci et la grande tâche de sa vie au milieu de ses nombreuses bonnes œuvres. Or, lorsque la petite Cécile était encore enfant, cette mère selon le cœur de Dieu tomba sérieusement malade, et voilà qu'une poignante angoisse la saisit. . Si elle allait mourir! ... Que deviendrait sa fille !.. Mais son mari et ses parents ne sont-ils pas là pour achever son éducation et la remplacer elle-même... autant qu'on peut remplacer une mère ? Sans doute, mais l'affection d'une mère éprouve des anxiétés qui ne se raisonnent pas, et d'ailleurs ce n'est pas le souci de

---

(I) La vie de Madame de Bussières a été écrite par M. l'abbé Conguet, doyen du Chapitre de la Cathédrale de Soissons. Cet ouvrage, approuvé par un grand nombre d'Evêques, a été honoré d'un Bref de Notre Saint–Père le Pape Pie IX.

l'éducation physique et intellectuelle de l'enfant qui brise ce pauvre cœur maternel. C'est une pensée plus haute et plus profonde aussi. Son mari, ses parents respectent la Religion, mais ils ne la pratiquent pas, et dans ce milieu trop peu chrétien à son gré, que deviendra l'âme de son ange bien-aimé ?

Dieu fut le confident de ces douloureuses inquiétudes, et il lui inspira la pensée d'écrire à son enfant une lettre admirable de foi et de prévoyance maternelle. Cette lettre qui, malgré son extrême simplicité, dénote un jugement d'une rectitude remarquable et un sens aussi pratique que chrétien, devait lui être remise à son entrée dans le monde. Elle eut une grande influence sur la vie de Mme de Noiron ; nous la citerons au moment où la vertueuse mère, heureusement trompée dans ses funèbres pressentiments, put la donner elle-même à sa fille, avec les additions qu'elle avait cru devoir y faire ; car plusieurs fois avant ce moment, Mme de Bussières l'avait rouverte pour y ajouter quelque nouveau conseil dont l'utilité la frappait.

Lorsque la petite Cécile eut atteint l'âge convenable, elle fréquenta assidûment les catéchismes de la paroisse, et les récompenses qu'elle méritait témoignaient assez qu'elle n'était pas l'une des moins bonnes élèves.

Au pensionnat, elle fut aimée de toutes ses compagnes comme elle les aimait, et elle noua dès lors quelques-unes de ces affections qui font le charme de la vie et que son cœur si bon et si affectueux entretint jusqu'à ses derniers moments.

A l'école de sa mère, elle apprenait à prier, à obéir, à travailler et à se priver pour donner aux enfants pauvres (1). On lui enseignait l'humilité chrétienne ; on lui répétait que nous ne sommes réellement que ce que nous sommes devant Dieu. D'ailleurs, bonne et simple, elle ne comprenait pas que l'on put tirer vanité ou s'enorgueillir d'une position supérieure de fortune ou de naissance.

A mesure que cette enfant croissait en âge, elle croissait aussi en sagesse, et Dieu récompensait ces premiers efforts de la vertu en lui donnant une foi ardente qui devint dès lors et qui devait rester le caractère distinctif de sa belle âme.

Dès ce moment aussi nous voyons apparaître en elle une qualité charmante, mélange gracieux d'humilité et de générosité de sentiments. Pensant peu à ce qui lui était dû, mais beaucoup à ce qu'elle devait

---

(1) Que de fois on lui a entendu dire dans le cours de sa vie : Celui qui ne se refuse rien est toujours pauvre quand il s'agit de faire une aumône.

aux autres, elle ouvrait largement son cœur à la reconnaissance pour ceux qui s'occupaient de son bien moral ou physique, et elle n'oublia jamais ni une parole sympathique ni un acte de complaisance. Nous avons entendu la femme rappelant les impressions de l'enfant, parler avec émotion des témoignages d'intérêt qui lui avaient été donnés alors qu'elle était toute petite. Mais si ce jeune cœur était si facilement touché de tout ce que l'on faisait pour lui, quelle gratitude profonde ne devait-il pas ressentir, lorsque le prêtre vénéré chargé de l'instruire, et sa mère, cet autre ministre de Dieu, lui expliquaient les mystères de notre Sainte Religion et lui révélaient l'amour infini de Notre-Seigneur Jésus-Christ !

Et comme cette âme, fortement imprégnée de la Foi, s'ouvrit délicieusement à la Charité ! Comme ce cœur d'enfant, plein de tendresse, goûta profondément les ineffables délices du mystère de l'Eucharistie !

Bienheureux ceux qui ont le cœur pur, parce qu'ils verront Dieu, et en attendant cette céleste vision, parce qu'ils sentiront la présence de Jésus-Christ, dans le sacrement de l'Autel.

Les années passaient rapidement dans la paix du foyer paternel, dans cette demeure où l'on savait allier la culture des sciences et des arts aux plus modestes travaux manuels destinés à vêtir les pauvres ou à parer les autels. La loi du travail y était constamment observée, et les vieilles traditions de famille et les souvenirs des ancêtres étaient recueillis avec soin pour être laissés aux enfants comme un précieux héritage.

Lorsque Mlle de Bussières sortit de pension, son père et son grand-père, M. de Pouilly, se chargèrent eux-mêmes de lui faire compléter ses études. Elle a toujours conservé avec amour les cahiers écrits sous la direction de ces maîtres chéris.

Enfin arriva le moment d'entrer dans le monde. C'est à cette époque que Mme de Bussières remit à sa fille la lettre dont nous avons parlé plus haut. L'adresse en était ainsi conçue :

A MADEMOISELLE

CÉCILE DE BUSSIÈRES

DE LA PART DE SA MÈRE

POUR LUI REMETTRE A L'AGE DE 16 ANS,

ESPÉRANT

QU'ELLE N'ENTRERA PAS DANS LE MONDE PLUS TÔT,

CAR IL EST TOUJOURS TROP TÔT.

Tu étais encore bien jeune lorsque je te quittai ; si je

laissai un regret dans la vie, c'est toi qui en fus cause. Trop jeune pour pouvoir te passer d'un guide qui te conduise dans le chemin de la Vertu et de la Religion sainte, qui y mène naturellement ceux qui la pratiquent, je ne pus ne pas être fâchée de t'abandonner si tôt. Mais je me confiai en Celui qui peut tout, et qui t'avait déjà donné une grande grâce qu'il n'a pas donnée à tous : c'est le désir de la perfection. Suis ces heureuses dispositions que peut-être ta mère a contribué à faire germer dans ton cœur. Le bonheur de ce monde et, ce qui est d'un plus grand prix, celui de l'éternité, tient à l'accomplissement de tous ses devoirs. Souviens-toi qu'en matière de religion, rien n'est à négliger ; si aujourd'hui on laisse une chose, demain qui vous empêchera d'en laisser une autre ; et au bout de quelque temps, on se trouve avoir presque tout abandonné sans s'en être même aperçu. Peut-être que les personnes avec qui tu vis ne tiennent pas à toutes ces saintes pratiques, mais dis-leur doucement, respectueusement, que tu y tiens, que c'était le vœu de ta mère ; sois douce, affable, prévenante, et loin de t'en savoir mauvais gré, on t'en chérira davantage.

Il faut éviter aussi un écueil, c'est de s'abandonner aux scrupules ; tu y étais déjà disposée, mais la meilleure manière de s'en corriger, c'est de s'en rapporter à son confesseur. — Un autre avis essentiel, c'est de ne te lier jamais qu'avec une jeune personne dont la mère soit pieuse, dont tu entendras dire que la fille marche sur ses traces, et dont on vante surtout la modestie et la réserve.

Lorsqu'on entre dans le monde avec un cœur pur, on ne peut comprendre qu'il y ait du danger ; mais, quand on y a passé quelques années, on voit que si l'on est restée innocente, c'est que Dieu nous a préservées d'une infinité de dangers où nous étions près de tomber, qu'un bien grand nombre de personnes meilleures que nous ont eu le malheur d'abandonner la religion et la vertu pour s'être trop livrées aux plaisirs, et que nous-mêmes ne sommes pas aussi pures que nous étions avant d'avoir goûté les plaisirs du monde. Tu entres dans un âge où, si tu t'y abandonnes, ils peuvent te gâter.

Ne va jamais dans les réunions qu'avec une espèce de crainte, évite-les même, lorsque tu le pourras. Sois toujours de la plus grande réserve avec les jeunes gens. Il faut être aussi réservée avec les jeunes personnes, éviter tous ces petits secrets, ces petits mystères du monde, qui font souvent grand tort à une jeune personne, sans qu'elle s'en aperçoive.

Je t'aurais bien donné d'autres conseils, mais t'ayant laissée depuis longtemps, je ne sais dans quelle position tu te trouves. Ceux-ci sont l'expression de la tendresse d'une mère qui te chérissait tendrement. Relis-les tels qu'ils sont tous les 26 de chaque mois, jour de ta naissance ; réfléchis un peu en les lisant, j'espère qu'ils te seront utiles. — Un avis aussi bien important et qu'il faut suivre, c'est de n'être jamais plus de trois mois (1) sans te mettre en état de communier ; il serait bien que ce fût tous les mois. Lorsque tu seras mariée ou dans l'âge de l'être, il faudra que ce soit plus souvent. Mais, dans ce moment, ma chère amie, de grâce, ne sois pas plus de trois mois sans recevoir ton Dieu, et un mois sans te confesser Il te soutiendra et te donnera des forces pour le servir. N'oublie pas non plus de prier

---

(1) A cette époque, l'influence des Jansénistes durait encore.

pour moi et pour les parents, ceux qui sont morts et ceux qui vivent encore. — Pour lecture de piété, je t'engage à lire tous les jours un chapitre de l'*Imitation* de Notre Seigneur Jésus-Christ, la *Pensée chrétienne* et la *Prière* qui se trouve dans ce livre pour tous les jours de la semaine. Je ne sais depuis quel âge au juste, mais j'étais encore fort jeune, lorsque je commençai à faire ces petites lectures, j'en ai toujours trouvé le temps ; depuis l'âge de dix-sept ans, j'ai passé bien peu de jours sans aller à la messe ; Je disais aussi tous les jours une *Station* (1). Pour cela, les uns préfèrent une chose, les autres une autre, puisque ce n'est pas d'obligation ; mais je te conseille l'Imitation de J.-C. et la *Pensée chrétienne*, parce que je suis sûre que c'est parfaitement bon. Il ne faut pas non plus de trop longues lectures en commençant ; elles ennuient et on a quelquefois le malheur de tout abandonner ; il vaut mieux ne lire que la moitié d'un chapitre avec attention que d'en lire deux mal.

Le Seigneur avait ses vues quand il avait donné à Mme de Bussières l'occasion d'écrire ainsi à sa fille. Ces conseils sont restés la règle de vie de Mme de Noiron, elle les relisait souvent et y puisait toujours une force nouvelle pour la vertu. Elle conservait la feuille où ils étaient écrits comme une sainte relique, elle ne voulait pas s'en séparer même dans la mort ;

---

(1) Madame de Bussières conseille ici l'usage d'un livre où il y avait, sous le nom de *Station*, une lecture pour chaque jour du mois.

et quelques jours avant son départ pour le ciel, elle exprimait à son confesseur le désir de l'emporter avec elle jusque dans la tombe.

Celui-ci, après avoir lu cette lettre, lui répondit qu'elle était trop belle et pouvait faire trop de bien pour que l'on ne s'efforçât pas de la conserver, et la généreuse chrétienne fit le sacrifice qui lui était demandé.

Nous savons quelles étaient les exquises qualités de cœur de Mlle de Bussières, mais elles étaient loin d'exclure un goût très-vif pour les fêtes mondaines ; et ce ne fut pas sans lutte qu'elle réussit à ne pas se laisser entraîner sur le chemin semé de fleurs où tant d'âmes s'égarent et finissent par se perdre. Si d'un côté elle entendait la voix de Dieu et celle de sa conscience, si elle avait devant les yeux les exemples et les leçons de sa mère, et au fond du cœur le souvenir de sa première communion, de l'autre il y avait en elle une jeunesse débordante de vie qui avait besoin de se répandre et de s'épancher au-dehors, je ne sais quelle soif de l'inconnu si naturelle à cet âge et autour d'elle toutes les séductions d'un monde à peine entrevu, qui lui apparaissait tout brillant de l'éclat de ses plaisirs. Il y eut donc lutte, mais, grâce à Dieu la lutte fut toujours victorieuse, et toujours

Mme de Noiron fut tout entière à Jésus-Christ et nul ne se
serait douté des combats qui se livrèrent alors dans
son âme, si elle-même plus tard n'en n'avait fait la
confidence. Poussant même la vertu jusqu'à l'hé-
roïsme, elle voulut s'éviter jusqu'à l'occasion de
s'attacher à la vanité. Redoutant sa faiblesse, con-
vaincue d'ailleurs que rien n'attache plus aux vaines
joies du monde que le succès que l'on y rencontre,
elle renonça à tout ce qui aurait pu la faire briller, à
la richesse de la toilette et à l'entrain de la gaîté.

Le monde trouva sans doute excessive cette retenue
dans les paroles, cette réserve dans la conduite, et le
sérieux précoce de ce caractère, « mais Dieu ne juge
pas comme le monde » (1), et sait-on de quelles
bénédictions il récompensa ces combats et cette
fidélité aux conseils maternels ?

Lorsqu'il s'agît de choisir l'état de vie dont allait
dépendre son bonheur, sûre d'accomplir la volonté
de Dieu en obéissant, Mlle de Bussières se laissa guider
par ceux qui avaient mission pour cela, et elle reçut
de leurs mains l'époux qu'ils lui présentaient.

Ainsi se termina la vie de la jeune fille ; son éducation avait été celle d'une enfant chrétienne où l'on

----

(1) Massillon. Serm.

avait un peu laissé de côté le brillant pour s'attacher d'autant plus au solide. Elle possédait avant tout deux choses qui devaient imprimer un caractère propre à tous les détails de sa vie : la Foi dans les croyances, la Charité dans les actes.

Cette éducation peut paraître austère au premier abord, elle était pourtant accompagnée de bien douces jouissances, car au sein de sa famille, entourée de tous ceux qui l'aimaient et qu'elle aimait, Mlle de Bussières goûtait les joies pures et fortifiantes du foyer domestique, que ne remplaceront jamais les bruyants plaisirs des fêtes mondaines.

Cette première étape de l'existence de Mme de Noiron est toute obscure et cachée en Dieu avec J.-C. Mais ce silence et ce recueillement ne furent pas stériles ; ils fortifiaient son âme pour les épreuves de la vie ; et puisque Notre-Seigneur nous permet, bien plus nous ordonne de le prendre pour modèle, ne pourrions-nous pas comparer ces premières années toutes passées à faire la volonté de ses parents, à la Vie cachée de Nazareth et résumer cette portion de la vie de l'humble servante de Jésus-Christ en ces paroles par lesquelles l'Evangile résume la Sienne : elle leur était soumise.

Grâce à cette éducation chrétienne, lorsqu'elle

arriva à cette éqoque de la vie où la jeune fille devenue femme doit agir par elle même, Mlle de Bussières possédait sur toutes choses le sentiment du devoir, et elle était profondément pénétrée de cette parole de nos Saints-Livres : *Cherchez avant tout le royaume de Dieu et sa justice.*

II

VIE DE Mme DE NOIRON

Mlle de Bussières épousa à Soissons, le 5 juillet
1843, M. Louis-Joseph-Etienne Balahu de Noiron.

Les Balahu étaient d'origine espagnole. Nous
voyons, d'après d'anciens documents concernant la
famille, qu'ils étaient établis en Franche-Comté au
xve siècle. Nous les voyons aussi, dès cette époque,
user généreusement de leur fortune et contribuer à
la construction de divers sanctuaires. Presque à
chaque génération, quelque membre de cette famille
chrétienne se consacrait à Dieu d'une manière toute
spéciale.

Esprit sérieux et distingué, M. de Noiron avait été
un élève brillant du collège de Juilly, où il avait eu
pour maîtres les Scorbiac, les Salinis et les Gerbet.
Passionné pour l'étude des Belles-Lettres, il leur
consacrait tous les instants que lui laissait la gestion

de ses affaires, et toute sa vie, la littérature dans le sens le plus large du mot, nourrit son esprit, occupa ses loisirs et lui permit de charmer par une conversation aussi intéressante et instructive que pleine de délicatesse, d'élégance et d'urbanité tous ceux qui avaient le bonheur de l'approcher.

A son mariage, il reçut la terre de Noiron, située dans la Haute-Saône, près de Gray. C'est là que les nouveaux époux fixèrent leur domicile.

En arrivant dans son nouveau domaine, la jeune femme fut reçue avec de grandes démonstrations de joie par les habitants du village, qu'elle récompensa bientôt de leur bon accueil en devenant la providence de tous les malheureux.

Presque aussitôt son installation à Noiron, M. de Noiron dût y entreprendre des travaux assez considérables pour agrandir l'habitation. L'ancien château ayant été brûlé à la Révolution, on avait rebâti en un autre endroit un cottage fort agréable, mais insuffisant pour une famille. Il fallut donc construire, arranger, embellir.

Tout souriait alors à Mme de Noiron ; tendrement aimée de son mari, environnée d'une société nombreuse et distinguée, entourée du respect et de l'affection d'une population sympathique, possédant tous ces avantages dont le monde est si jaloux, et si bien faits pour captiver une âme moins fortement trempée, noblesse, fortune, considération justement acquise et méritée depuis des générations, l'avenir s'ouvrait pour elle sous les plus riantes couleurs. Mais elle ne se laissa pas éblouir ; elle oublia tout le reste au pied de la Croix pour ne se souvenir que de ses obligations et mener une vie chrétienne, c'est-à-dire simple et mortifiée ; et c'est dans cette résolution bien arrêtée d'être toujours la femme du devoir que se trouvent comme dans leur racine toutes les vertus qui viendront éclore comme autant de fleurs sous l'influence vivifiante de la grâce, et s'épanouiront l'une après l'autre dans le cours de sa vie, pour former sa couronne quand il plaira à Dieu de lui donner la récompense, sa foi admirable, son dévouement à sa famille, sa résignation dans les épreuves, sa sollicitude pour les âmes qui lui étaient confiées, sa compassion pour les pauvres, enfin son zèle pour notre Sainte Religion.

Telle elle est alors, telle elle sera toujours, sans défaillance, dans son intérieur, vis-à-vis de ses parents, vis à vis d'elle même, vis-à-vis de tout le monde.

Epouse dévouée, elle fut bonne, affectueuse et

pleine de déférence pour celui que Dieu avait constitué le chef de la famille.

Fille aimante, elle fut heureuse de consacrer une grande partie de sa vie à ses parents et à ses grands-parents à Soissons et à Arcy-le-Ponsard. Elle se fit un bonheur aussi de faire un petit séjour tous les ans chez les parents de son mari à Briaucourt, dans la Haute-Marne, où ils possédaient une ancienne propriété de famille.

Devenue mère, toutes ses pensées se tournèrent vers l'enfant chéri dont l'âme venait en quelque sorte d'être remise entre ses mains. Sa tendresse était profonde, comme celle de toutes les mères, jamais elle ne fut aveugle, jamais surtout elle ne s'arrêta à des vues purement humaines ; ce qu'elle voulait à tout prix, c'est que son fils fût chrétien. Elle n'épargna pour y réussir ni ardentes prières, ni courageux sacrifices, ni soins de toute heure.

Lorsqu'une mère remplit avec cette générosité, auprès de l'âme de son enfant, la tâche qui lui est confiée, Dieu ne peut pas ne pas bénir ses efforts et son dévouement, et il la récompense en faisant germer la divine semence de la foi déposée par elle dans cette jeune âme et en lui faisant porter des fruits de salut qu'elle communiquera à son tour. Ainsi se conservent les générations chrétiennes, les traditions se perpétuent et la vertu s'établit dans une famille et devient sa plus précieuse richesse.

L'enfant ayant atteint sa huitième année, Mme de Noiron s'adressa pour continuer l'œuvre envisagée avec tant de sérieux et commencée avec tant d'amour, à une maison d'éducation libre, St-Léger, que Mgr de Garsignies venait de fonder à Soissons. Dans l'intention de Sa Grandeur, des ecclésiastiques choisis par lui devaient y donner aux enfants qui leur étaient confiés, une éducation chrétienne en même temps qu'une instruction solide.

Ce fut là, sous les yeux de ses parents, que le petit Jules fit sa Première Communion. Pénétrée de l'importance de cette grande action et de son influence sur toute la vie d'un homme, Mme de Noiron redoubla de prières et de soins pour que l'âme de son fils fut bien préparée à la réception de son Dieu dans le Sacrement de l'Eucharistie. Elle eut le bonheur de voir ses efforts couronnés de succès ; Dieu ne pouvait pas se refuser à exaucer des désirs si conformes à sa sainte volonté. Docile à la douce impulsion qui lui était donnée, l'enfant fut bien disposé, il fit une excellente Première Communion, et son heureuse mère reçut dès ce jour sa meilleure récompense ; car elle vit dans ce grand acte bien accompli un gage de salut pour ce fils qu'elle aimait.

Comme son cœur si pieux dût aussi tressaillir de bonheur et déborder de reconnaissance envers Dieu lorsqu'elle vit se presser autour de son fils à la Table-Sainte trois générations de parents ; son père, sa mère, ses deux grand'mères et enfin son arrière-grand'mère, Mme la douairière de Bussières ! Spectacle touchant, que la Religion seule a le secret de nous offrir.

Un peu plus tard, l'enfant fut confié aux Rév. PP. Jésuites d'Amiens ; cette séparation devint pour Mme de Noiron l'occasion d'un nouveau dévouement. Sans cesse préoccupée du désir de voir son fils croître, non-seulement en science, mais surtout en sagesse et en grâce devant Dieu et devant les hommes, elle lui écrivait souvent des lettres admirables de cette belle simplicité qui va droit au but et toutes remplies de la tendresse la plus prévoyante.

Si l'éducation de son fils était la grande préoccupation de Mme de Noiron, elle ne l'empêchait pas de se livrer à toutes les œuvres qui autour d'elle réclamaient son attention et ses soins, et elle le faisait d'autant plus volontiers que M. de Noiron lui laissait pour cela la liberté la plus entière, et qu'elle avait le bonheur d'aider Mme de Bussières en agissant sous sa

direction. M. de Noiron, en effet, passionné pour les
voyages, et absorbé par ses études littéraires, menait
une vie trop active et trop peu sédentaire pour que
sa femme put toujours l'accompagner. Pendant les
fréquentes absences de son mari, elle se consacrait
tout spécialement aux bonnes œuvres de toute sorte
dont Mme de Bussières avait pris la charge. Celle-ci
en avait depuis longtemps donné l'exemple et inspiré
l'amour à sa fille, et maintenant elle était heureuse
de la voir partager avec elle son précieux fardeau.
Ainsi s'écoulaient chrétiennement pour Mme de Noiron
ces années de l'éducation de son fils, ainsi elle se
perfectionnait par la pratique incessante et régulière
des devoirs de chaque jour, ainsi Dieu fortifiait son
âme et la disposait sans qu'elle s'en doutât, par
l'exercice de toutes les vertus, au coup terrible et
inattendu qu'Il lui préparait.

Au moment où M. Jules touchait au terme de ses
études, Mme de Bussières, souffrante depuis de
longues années, fut, sans que rien put faire craindre
un dénouement si prompt et si fatal, réduite en
quelques jours à la dernière extrémité. M. de Noiron,
qui se trouvait alors en Allemagne, et son fils, dans
les Pyrénées, n'eurent que le temps d'accourir pour
recevoir la bénédiction de la sainte femme, qui sem-

blait les attendre pour mourir. Mais qui pourrait peindre l'affliction, la douleur, les larmes de Mme de Noiron? Sa mère était tout pour elle; elle ne s'en était jamais complètement séparée, et ces deux âmes d'élite, si bien faites pour s'entendre, avaient toujours vécu dans la plus complète et la plus touchante intimité; foi, divines espérances, amour de Dieu, exercices de piété, tendresses d'ici-bas, bonnes œuvres, vie habituelle, tout était partagé entre elles, tout était commun.

Mme de Noiron, frappée déjà dans ses affections les plus chères par la mort prématurée de son père bien-aimé, et par celle des bons parents qui avaient souri à son berceau, caressé son enfance et béni sa jeunesse, pleura avec des larmes amères ce guide, ce conseil, cet appui, cette mère enfin, qui venait de lui être ravie, mais aussi avec la résignation d'une chrétienne. Une partie de son cœur s'était envolée au ciel pour n'en plus redescendre, l'autre se consacra plus complètement que jamais au bonheur de ceux qui restaient; et Dieu permit qu'elle trouvât dans l'accomplissement de ce devoir un grand adoucissement à sa douleur. L'intimité où elle vécut avec son fils pendant les années qui suivirent, lui fit goûter au milieu de son chagrin une douce consolation dont elle conserva jusqu'à la fin le plus tendre souvenir.

Elle s'occupait avec tendresse de l'avenir de ce fils si cher, et ses vœux montèrent bien ardents vers le ciel pour demander à Dieu sa bénédiction, lorsqu'il épousa, en 1868, Mlle Marie Branche de Flavigny, d'une ancienne famille du Soissonnais. Il avait recherché avant tout les qualités de l'esprit et du cœur, il avait trouvé tout ce qu'il désirait, et sa mère pouvait espérer le voir jouir longtemps du bonheur que Dieu semblait lui promettre.

Un an après, un beau petit ange venait visiter cette demeure ; il reçut le nom de Gabriel. Ce fut une grande joie pour l'âme de Mme de Noiron. Dès lors, elle reporta sur l'enfant de son fils cette tendresse profonde dont elle l'avait environné lui-même à ces premiers moments de la vie, et elle goûta auprès de ce berceau chéri un bonheur qui illumina comme d'un rayon céleste l'horizon qui pour elle allait toujours s'assombrissant à mesure qu'elle avançait dans la vie.

La série de ses épreuves, en effet, était loin d'être terminée. Depuis un certain temps, la santé de M. de Noiron laissait à désirer. Tous les ans, au retour de la belle saison, il allait demander à des eaux thermales une amélioration qui ne se produisait que bien lentement. Tout-à-coup le mal chronique, dont il était atteint, dégénère en une crise aiguë, et Mme de Noiron reçoit brusquement la nouvelle que son mari est dangeureusement malade àParis.

Sur-le-champ elle court le rejoindre avec ses enfants, elle s'installe auprès de son lit et ne le quitte ni le jour, ni la nuit. Hélas ! ses soins furent inutiles ; la maladie triompha de tous les efforts du dévouement et de la science, et au bout de quelque temps, elle se trouvait complètement seule sur la terre avec ses enfants.

Avant de terminer son éducation au collège de Juilly, M. de Noiron avait eu pour premiers maîtres les RR. PP. Jésuites de Dôle et de Fribourg. Ce fut un P. Jésuite qui l'assista à ses derniers moments, et l'accompagna jusqu'à Noiron, où il repose dans un caveau de famille.

Là ne se borna pas la mission du disciple de saint Ignace, il avait encore à donner à cette famille en larmes les consolations de la charité et le dévouement de l'affection. Il remplit cette divine mission avec un cœur apostolique. Il fortifia les jeunes époux en leur montrant le chemin qu'ils avaient à parcourir ici-bas, à la pauvre veuve, il montra le ciel.

Peu d'années auparavant toute une nombreuse

famille, deux générations de parents l'entouraient ;
avec son mari et son fils, elle était le centre de toutes
ces affections, — tous ces liens étaient brisés par la
mort ! Il semblait qu'elle n'avait connu ces saintes
joies et ces tendresses si légitimes que pour les
pleurer plus amèrement à l'heure de la séparation,
et aujourd'hui que celui dont elle avait partagé la
vie, qui lui avait donné tant de marques d'une confiance absolue et d'une estime sans limites, était parti
à son tour, quel isolement allait être le sien pendant
les absences de ses enfants !

Elle accepta courageusement ses épreuves, et,
privée de ceux qu'elle avait tant aimés, elle leur
consacra par ses prières, par ses souvenirs,
par les bonnes œuvres accomplies à leur intention, la
moitié de sa vie. Pour qui vivait dans son intimité, il
était évident que ces chères images ne la quittaient
jamais. Sans cesse une parole d'amour pour le père
qui l'avait si tendrement chérie, de vénération pour
la mère qui l'avait si saintement aimée, de souvenir
reconnaissant et ému pour les grands-parents dont
elle avait été la joie, d'affection pour l'époux qui venait
de la quitter, se présentait à ses lèvres pour édifier ou
charmer ceux qui l'écoutaient. A cette époque, Mme de
Noiron cessa à peu près toute relation avec le monde,

et elle ne vécut plus que pour Dieu, ses enfants et un petit nombre d'amis dont les goûts étaient conformes aux siens, et dont la société ne pouvait être qu'un encouragement à marcher dans la voie qu'elle avait choisie.

« Dieu châtie ceux qu'il aime », dit l'apôtre saint Paul, et nous lisons au livre de Tobie ces paroles de l'ange Raphaël : « Parce que vous étiez agréable à Dieu, il était nécessaire que la tentation vous éprouvât. » Mme de Noiron, comme le juste Tobie, était soumise à des épreuves sans cesse renaissantes.

Pendant cinq ans, M. Jules de Noiron avait trouvé auprès de sa charmante compagne tout le bonheur que l'on peut rêver ici-bas. Mais, hélas ! le bonheur durable n'est pas de ce monde ; une douloureuse maladie se déclara On alla chercher dans le Midi un climat plus doux ; malgré tous les soins, le mal fit des progrès rapides, et bientôt un nouveau malheur vint frapper cette famille déjà si éprouvée, en lui enlevant la jeune femme qui faisait son espérance et sa joie. Après avoir enduré de longues souffrances avec une patience angélique, Mme Jules de Noiron mourut saintement à Briaucourt, le 18 octobre 1873, laissant à tous ceux qui l'ont connue un pieux et charmant souvenir de sa vie, et un admirable exemple de résignation dans sa mort.

Mme de Noiron ressentit vivement le coup qui brisait d'une manière si terrible le cœur de son fils. Sentant son impuissance à consoler une pareille douleur, elle demanda pour lui la consolation à Celui-là seul qui peut la donner, qui frappe et guérit. Plus que jamais, elle se montra ce qu'elle avait toujours été, la plus tendre des mères ; il semblait même que pour mieux adoucir son désespoir, elle eut voulu à cette tendresse ajouter tout l'amour du cœur envolé...

Admirable dans son dévouement maternel, Mme de Noiron ne l'était pas moins dans la foi pratique qui réglait toutes ses actions, et dans les sentiments de piété et d'abnégation qui la soutenaient dans les nombreuses difficultés qu'elle eut à traverser.

Au moment de la guerre, elle eut de grandes pertes à subir. Sa maison, criblée de projectiles, n'échappa à l'incendie que par le courageux dévouement duserviteur chargé de la garder ; et lorsqu'elle y rentra, après de longs mois d'absence, il fallût la réparer de fond en comble. Tel était le calme dans lequel la mettaient sa foi, sa résignation et sa confiance en Dieu, que jamais, au milieu de ses plus grands embarras, elle n'éprouva un moment de découragement. Elle s'occupait de servir Dieu de son

mieux, elle faisait ce qu'elle pouvait consciencieuse-
ment pour la bonne gestion de ses affaires ; dans tous
ses doutes, elle demandait conseil à des personnes
éclairées, et toujours elle savait posséder son âme
dans la paix. Il semblerait qu'elle avait pris pour
règle de conduite cette célèbre devise : « Fais ce que
dois, advienne que pourra. »

C'est alors surtout que l'on put admirer quel riche
trésor de foi le bon Dieu avait déposé dans son âme.
Ce qui dominait toujours en elle, en effet, c'était
l'esprit profondément chrétien. Cet esprit inspirait
toutes ses pensées, dictait tous ses jugements, réglait
toutes ses démarches ; elle pensait, jugeait et parlait
de tout, uniquement au point de vue de la foi. La
foi était sa boussole. Son âme était, si l'on peut
parler ainsi, comme une corde harmonieuse à l'unis-
son de laquelle vibrait tout ce qui était bien, et qui se
mettait immédiatement en désaccord avec ce qui
était mal. Il était merveilleux de voir combien cette
disposition habituelle d'esprit imprimait de fixité à
ses idées, de rectitude à son jugement, et à toute sa
conduite d'égalité, de prudence et de fermeté.

Chrétienne dans ses principes, elle voulait surtout
l'être dans la pratique. Elle le voulait, quoiqu'il en
put coûter à la nature ; elle ne comprenait pas une

religion qui ne sût pas s'imposer de sacrifices.

Tous ceux qui l'ont connue savent qu'elle était sujette à de fréquentes et douloureuses migraines. Elle souffrait beaucoup alors, et elle était souvent obligée de rester deux ou trois jours au lit, dans une diète absolue et dans un état de prostration complète.

Si la migraine arrivait un dimanche, Mme de Noiron ne se dispensait pas de l'assistance aux offices : « Je souffre, c'est vrai, disait-elle, mais je sais qu'il n'y a pas de conséquences dangereuses à craindre, je ne redoute donc pas de m'y exposer » ; et quelles que fussent ses souffrances, elle s'acquittait de ce qu'elle regardait comme un devoir.

Elle suivait exactement tous les offices de *la paroisse* et il fallait une circonstance grave pour qu'elle s'en dispensât. « Nous sommes obligés d'y assister, disait-elle, c'est pour nous qu'ils existent, nous y recevons des grâces spéciales, et en outre nous devons donner le bon exemple. » Elle exigeait autant qu'elle le pouvait que les personnes de sa maison fissent leurs efforts pour suivre la même règle.

Chrétienne comme elle l'était, et naturellement bonne, Mme de Noiron n'eut pas beaucoup d'efforts à faire pour être charitable (1). Elle donnait beaucoup, et elle aurait toujours désiré donner davantage, car indépendamment de la religion qui lui ordonnait de secourir les misères d'autrui, son cœur généreux ne pouvait connaître aucune détresse sans chercher à la soulager.

Elle ne désirait que le bien en toutes choses et pour tout le monde ; nous ne savons pas si elle a eu un seul désir autre pendant tout le cours de sa vie. Pour l'accomplir aussi largement qu'elle le souhaitait, elle était souvent obligée de s'imposer beaucoup de privations ; elle le faisait avec tant de courage et de si bonne grâce, que l'on n'eut jamais deviné qu'elle en souffrit. Mais Dieu ne se laisse pas vaincre en générosité, aussi la parole des Livres Saints s'est-elle accomplie en elle : *Quam bonus Israël Deus his qui*

---

(1) Elle avait d'ailleurs reçu de sa famille, sous ce rapport comme sous bien d'autres, de merveilleuses leçons.

Pour n'en citer qu'une, nous rappellerons que son grand-père, M. de Pouilly, avait eu l'insigne honneur de venir en aide au cardinal Conzalvi, exilé à Reims avec deux autres cardinaux *noirs,* à cause de l'opposition qu'ils avaient faite au divorce de Napoléon Ier.

En témoignage de sa reconnaissance pour M. de Pouilly, le cardinal lui fit don d'un chapelet que la famille a religieusement conservé.

recto sunt corde ! Que le Dieu d'Israël est bon pour
ceux qui ont le cœur droit !

Tous ceux qui approchaient Mme de Noiron ont pu
voir jusqu'où s'étendait sa grande bonté, mais ce sont
surtout les personnes attachées à son service qui ont
été le plus à même de l'apprécier. Sa sollicitude
s'attachait en particulier aux âmes de ses serviteurs,
mais leur bien matériel en était aussi l'objet. Une de
ses domestiques était malade, elle l'envoya passer
plusieurs mois à Paris et la remit entre les mains des
plus habiles médecins jusqu'à ce qu'elle fut en bonne
voie de guérison. Forcée d'en congédier une autre,
elle lui fit un don généreux. C'est par centaines que
l'on trouverait des traits de ce genre, si l'on examinait
l'une après l'autre toutes les journées de cette vie en
apparence si simple et si monotone, et pourtant si
admirablement remplie.

Mme de Noiron savait donner ; elle donnait avec
spontanéité et générosité ; elle donnait, accompagnant
ses dons des manières les plus gracieuses et des
paroles les plus agréables, si bien qu'il aurait semblé
parfois que c'était elle qui était l'obligée.

Nous en citerons un petit exemple.

Par une belle matinée d'été, elle se rendait à pied
à St-Germain-Villeneuve. A la porte de la ville, elle

rencontra la sœur supérieure de l'Ouvroir St-Crépin, qui, à cette heure matinale, revenait déjà vers le faubourg. — D'où venez-vous donc si matin, ma sœur ? lui demanda Mme de Noiron. — De St-Léger, où je viens de faire le Chemin de la Croix pour les Ames du Purgatoire ; j'ai besoin d'une grande grâce du bon Dieu, j'espère que ces bonnes Ames me l'obtiendront ; et en disant ces mots, la Sœur paraissait assez préoccupée. — Est-ce que je serais indiscrète de vous demander la cause de votre préoccupation ? hazarda Mme de Noiron. — Non, Madame, reprit la Sœur ; je vais même tout simplement vous la confier. Il doit m'arriver aujourd'hui une traite de 800 francs, et je n'ai pas un sou devant moi. — Madame de Noiron parut réfléchir une seconde : Ma Sœur, continua-t-elle en souriant, voudriez-vous me permettre d'être la messagère des Ames du Purgatoire, et de vous offrir ce que vous leur avez demandé ? Je puis précisément disposer de cette somme en ce moment, et j'espère que vous me ferez le plaisir de l'accepter avec la même simplicité que je vous l'offre (1).

---

(1) On peut voir d'ailleurs par ce trait combien la dévotion aux Ames du Purgatoire est agréable à Dieu et avantageuse à ceux qui la pratiquent.

Personne n'était rebuté chez elle, il suffisait de se présenter pour recevoir, et la maison de Madame de Noiron avait conservé toute la réputation de charité qu'elle avait sous le nom de Mme de Bussières. Or, du vivant de celle-ci, un de ses amis rencontre un jour un ouvrier près du Grand-Séminaire. Cet homme l'accoste et lui demande où demeure Mme de Bussières. — Est-ce que vous avez quelque affaire à traiter avec elle? répond-on. — Non, Monsieur, et je n'ai pas l'honneur de connaître cette dame, mais je suis sans ressources, et l'on m'a dit qu'elle donnait à ceux qui lui demandaient.

Mme de Noiron ne donnait pas cependant en aveugle et elle avait l'esprit trop droit pour ne pas se conformer à l'ordre de la charité. Les Œuvres catholiques, la Propagation de la Foi, la Sainte Enfance, le Denier de Saint-Pierre, les Ames du Purgatoire étaient les premières dans son esprit et avaient à ses yeux des droits imprescriptibles. On l'entendait souvent raconter et admirer les travaux, les souffrances et les fatigues des Missionnaires qui s'en vont porter la Foi aux extrémités du monde ; elle ajoutait qu'il était bien désirable que le plus grand nombre possible de fidèles s'associât à leur dévouement, en les aidant par des prières et par des aumônes.

Que de jeunes gens dans les diocèses de Soissons et de Reims pour lesquels elle a été l'instrument providentiel qui leur a permis d'arriver à la sublime dignité du Sacerdoce !

Que d'églises elle a secourues soit par ses aumônes en argent, soit par des ornements qu'elle aimait à faire faire à Saint-Médard !

Que de jeunes filles ont été par elles élevées, instruites, placées et mises à même de gagner leur vie temporelle sans aucun danger pour leur vie spirituelle !

Nous ne parlerons pas de l'abbaye d'Igny. Igny était trop près d'Arcy-le-Ponsard et était appelé à faire trop de bien dans ce pays pour que Mme de Noiron ne désirât pas coopérer à son rétablissement.

Depuis la mort de Mme de Bussières, elle donnait régulièrement tous les ans une bourse pleine à l'Institution des Sourds-Muets de Saint-Médard. Aussi régulièrement elle envoyait son aumône à l'Ecole Apostolique d'Amiens, qu'elle affectionnait tout particulièrement, et dont elle lisait avec bonheur les comptes rendus annuels.

Quand il fut question d'établir à Soissons l'Œuvre de la Visite des Malades à domicile, elle en saisit immédiatement l'esprit et la portée, elle l'accueillit, s'y associa, et toujours depuis la soutint de son zèle et de sa bourse.

Toutes ces œuvres étaient accompagnées d'un grand nombre d'autres, dont nous ne saurions donner le détail ; car, fidèle au principe de l'Evangile « que votre main gauche ignore ce que fait votre main droite », Mme de Noiron les accomplissait le plus secrètement qu'elle pouvait.

Cette charité extérieure si grande puisait toute sa fécondité dans la charité intérieure qui remplissait son âme, et dont elle n'était qu'un pâle reflet. Mme de Noiron en effet n'était pas moins charitable dans ses pensées, dans ses jugements et dans toutes ses paroles qu'elle ne l'était dans ses actes. Jamais sans un motif sérieux, elle ne se serait permis de mal juger du prochain ; à plus forte raison ne se permettait-elle en aucun cas la plus légère médisance. On ne se souvient pas d'avoir jamais entendu sortir de sa bouche une seule parole où la charité pût être blessée. Que si pour une raison ou pour une autre, elle était obligée de s'entretenir de choses répréhensibles ou blâmables, elle le faisait avec la circonspection la plus scrupuleuse, et surtout de manière à ne jamais sortir des bornes de la vérité et de la charité.

Il arriva, un jour qu'elle était particulièrement fatiguée, de dire, dans un moment de vivacité, une parole qui pouvait passer pour désagréable ; c'était si peu de chose que la personne à qui elle avait été adressée l'avait tout à fait oubliée. Elle voulut cependant la réparer, elle ne craignit pas de s'humilier, et elle fit des excuses dont le souvenir couvre encore de confusion celui qui les a reçues.

Il est beau de donner, de donner beaucoup, de donner toujours ; mais comment en avoir les moyens ? Quelle que soit la fortune, elle sera toujours trop modique, elle ne permettra jamais de suivre les impulsions d'un bon cœur si elle n'est administrée avec discrétion et économie. Mme de Noiron sut toujours se conformer aux principes dont on ne doit jamais se départir dans la direction des affaires, et c'est encore un point de vue sous lequel nous devons examiner sa vie.

La mort de sa mère et celle de son mari lui avaient laissé la gestion de plusieurs propriétés. Réfléchissant beaucoup, consultant souvent, elle administra avec sagesse et prudence Ne pouvant toujours s'opposer à tous les abus, elle voulait au moins en connaître l'importance, et, lorsqu'elle en laissait subsister, c'était par bonté pour ceux qui étaient attachés à ses propriétés et après s'être assurée qu'ils ne pouvaient avoir de conséquences graves.

Tant qu'elle vécut, elle se souvint des règles de conduite qu'elle avait entendu exprimer à ses parents :

1° La fortune est un dépôt confié par Dieu pour faire le bien, et que les parents doivent transmettre fidèlement à leurs enfants.

2° Il faut, après s'être réservé le nécessaire, employer ses revenus à faire le plus de bien possible, et en consacrer au moins le dixième aux bonnes œuvres.

3° Il ne faut point, dans l'espoir d'augmenter sa fortune, risquer de la compromettre par des spéculations hasardeuses.

4° Il faut s'efforcer de ne faire ses dépenses, travaux, embellissements, amélioration de propriété, que sur ses revenus.

5° L'épargne doit avoir, chaque année, sa place au budget.

Ces principes la guidèrent toujours dans son administration. Grâce à l'application qu'elle sut en faire, tous ceux qui eurent occasion de traiter avec elle des questions d'affaires, questions en général si difficiles pour une femme, trouvèrent toujours en elle une grande rectitude de jugement et un bon sens pratique rare.

Au milieu de cette existence si remplie par les œuvres, par les souvenirs et par tant de devoirs multiples, une grande préoccupation agitait parfois le cœur maternel de Mme de Noiron. Les regrets et le chagrin qui dévoraient le cœur de son fils n'useraient-ils pas cette santé si chère? Ne pourrait-on trouver, ne devrait-on pas chercher une diversion à cette grande douleur? Une seconde union ne serait-elle pas à désirer? Que de fois ces pensées tourmentèrent la mère inquiète! Elles furent son perpétuel souci, jusqu'au jour où elle eut la consolation de lui voir épouser une jeune fille telle que la souhaitait son cœur : Mademoiselle Paquelle de Larret, dont la famille s'était déjà alliée plusieurs fois à celle de Noiron.

Mme de Noiron aimait à répéter qu'elle avait trouvé dans sa belle-fille tout ce qu'elle pouvait désirer pour son fils, pour son petit-fils et pour elle-même. Ajoutons qu'elle eut sur cette jeune femme devenue sa fille tout l'ascendant que peuvent inspirer la tendresse, la vénération et la reconnaissance. Unies dans le même amour pour ceux qui occupaient toutes leurs pensées, dont elles voulaient le bonheur à tout prix, ces deux femmes éprouvèrent l'une pour l'autre une rare affection.

Cependant une grande affliction vint briser leur cœur et les lier plus intimement encore. Peu de temps après son mariage, M. Jules tomba dangereusement malade.

Aussitôt instruite des souffrances de son fils et des inquiétudes des médecins, Mme de Noiron accourut en toute hâte pour consoler et soutenir ses enfants dans cette épreuve.

Bien des larmes tombèrent aux pieds de Notre-Seigneur ; bien des prières montèrent vers le Ciel pour obtenir la conservation de cette vie et de cette santé si précieuses. Mme de Noiron ne quitta presque pas ses enfants de l'année ; désolée, mais courageuse, elle ne cessait de les exhorter à la résignation et à la confiance en Dieu.

Ce Dieu si bon pour ceux qui le craignent, lui ménageait une grande joie parmi toutes ces tristesses. Ce fut la naissance d'une petite fille, arrivée à Soissons, où M. et Mme Jules avaient pu se rendre depuis plusieurs mois. Cet événement qui l'avait réjouie d'avance ramena dans sa vie un peu d'espérance et de gaieté. Hélas ! Ce bonheur fut de courte durée. Le temps approchait où Dieu allait achever de compléter par de longues souffrances cette vie si chrétienne, pour la couronner enfin par la mort douce et paisible du juste.

Avant de raconter les derniers moments de Mme de Noiron, jetons un regard en arrière et résumons en quelques mots pour en tirer profit, cette vie de devoir et de dévouement, où l'on ne sait qu'admirer davantage, ou de la pureté qui rapproche des Anges, ou de l'humilité véritable, apanage des Saints, ou de cette charité parfaite des enfants du Seigneur. Peu de femmes ont le courage d'entreprendre une vie pareille. La perspective les en effraie, parce qu'elles ne la considèrent que de fort loin, et qu'elles ignorent quelle paix intérieure (cette paix qui surpasse tout sentiment et toute consolation) accompagne l'entier accomplissement de la loi de Di.u et le renoncement à soi-même. Elles préfèrent, disent-elles, allier à la religion les obligations (plus ou moins réelles) du monde ; elles sacrifient cependant le devoir au plaisir, n'ayant du chrétien que le nom et n'en ayant pas les vertus. Insensées ! elles · oublient qu'*on ne peut servir deux maîtres ;* elles oublient ces paroles de N. S. : *Vous tous qui avez soif, venez aux sources dont les eaux jaillissent pour la vie éternelle.* Refusant de se désaltérer à cette source pure, « elles s'en vont cherchant à l'écart des eaux furtives. Dieu leur prépare un breuvage assoupissant, et leurs yeux se ferment. Dans ce sommeil, il leur semble qu'elles ont faim et qu'elles mangent, et au réveil leur âme est vide (1). Altérées, elles rêvent qu'elles boivent, et elles se réveillent pleines de lassi-

---

(1) Lamennais.

tude, et elles ont encore soif, et leur âme est vide. »

Soutenue par le Pain des forts dans son voyage à travers la vie, désaltérée à la source pure dont parle la Sainte Ecriture, Mme de Noiron passa en faisant le bien et en méditant cette parole de l'Imitation : Si vous demeurez dans ma voie, vous connaîtrez la vérité, et la vérité vous délivrera, et vous obtiendrez la vie éternelle.

III

MORT DE MADAME DE NOIRON

Tandis que la jeune femme était obligée de renoncer pour quelques semaines à ses fonctions de garde-malade, Mme de Noiron, quoique fatiguée elle-même d'un gros rhume, ne voulut pas que personne autre soignât son fils alors fort souffrant. Mais son affection avait été au delà de ses forces ; les rigueurs de la saison jointes à des fatigues inaccoutumées, déterminèrent une maladie de poitrine. Habituée à ne pas s'écouter et même à se traiter assez durement, elle y fit d'abord peu d'attention. Bientôt cependant ses enfants, frappés du changement qui se produisait dans toute sa personne, la pressèrent de se soigner. On consulta, mais lorsque les médecins commencèrent à ouvrir les yeux sur la grièveté de son état, elle était déjà sérieusement atteinte. Toutefois il se passa long temps encore avant que sa famille et ses amis pussent prévoir la fatale issue de cette maladie.

Ses enfants tourmentés parfois de craintes qui leur paraissaient à eux-mêmes exagérées, ne voulurent point s'éloigner d'elle ; ils passèrent l'été à Arcy-le-Ponsard. Cependant Mme de Noiron n'allait pas mieux, et M. Jules allait de moins en moins bien. Plusieurs consultations eurent pour résultat de l'envoyer passer l'hiver dans le Midi. Il espérait que sa mère consentirait à l'accompagner ; mais se sentant plus malade que l'on ne croyait, elle répondait : « Si j'étais sûre de guérir, je n'hésiterais pas ; dans le doute, je préfère rester où je suis. S'il me faut mourir, j'aime mieux mourir chez moi qu'ailleurs. On ne meurt qu'une fois. Il importe donc extrêmement de bien mourir. Ici je suis entourée de toutes les ressources possibles ; rien ne me manque, humainement parlant, pour me procurer une mort telle que je la voudrais. Suis-je assurée de rencontrer ailleurs les mêmes avantages ? »

Ses enfants partirent lui laissant son petit fils et sa petite-fille.

Elle s'en occupa avec le dévouement et la tendresse que nous lui connaissons. Dès le matin, elle se les faisait amener pour leurs prières, et tout en les caressant, elle parlait à l'un du bon Dieu et de ses petits devoirs ; elle lui enseignait les premières notions de cette vie de foi et de renoncement qu'elle savait si bien pratiquer. A l'autre elle faisait redire les Noms sacrés de Jésus, de Marie, de Joseph. Elle voulait elle même, quelle que fut sa fatigue, donner à Gabriel ses leçons de catéchisme ; et c'était pour elle un bonheur d'apprendre à son petit enfant à connaître et à aimer son Dieu.

Cependant la maladie progressait toujours, mais lentement. Pendant un temps on avait craint qu'elle ne pût voir la fin de l'hiver ; mais partout dans les Communautés, dans les Séminaires, dans les Hospices, on priait pour elle avec tant de ferveur que Dieu la laissa à l'affection des siens et la tint en quelque sorte suspendue entre la vie et la mort beaucoup plus longtemps que ne l'aurait fait espérer la marche ordinaire de la maladie.

A l'affection principale qui la faisait déjà beaucoup souffrir, s'ajoutait un mal de dents continuel qui pendant près de dix-huit mois ne lui laissa aucun repos. Généralement les crises n'étaient pas aiguës, elles ne le devenaient que sous une impression de chaud ou de froid. Mais en dépit de toutes les précautions, cela arrivait à presque tous les repas. Aussi avait-elle conçu un dégoût violent pour toute nourriture ; c'était pour elle un supplice de se mettre à table. Que de fois on la vit s'arrêter court en mangeant ou en buvant, et

porter silencieusement la main à sa joue : « Vous souf-
frez, Madame, » lui disait-on ; elle ne répondait que
par un sourire angélique ; puis elle ajoutait : « Si le
bon Dieu voulait seulement m'ôter mon mal de dents,
il me ferait bien plaisir. — Mais vous acceptez ce qu'il
vous envoie, n'est ce pas ? — Oh ! oui, certainement ;
— et jamais sa plainte n'a dépassé cette limite.

Le médecin essayait de la soulager par des dérivatifs
énergiques ; la pose et le pansement de ces médica-
tions étaient très douloureux ; tout son corps en était
labouré ; jamais un seul mot de plainte ne sortit de sa
bouche.

A ces maux physiques s'ajoutaient l'inquiétude que
lui inspirait la santé de son fils, la séparation d'avec
ses enfants, puis cette soif de perfection qui dévore les
belles âmes, qui leur cache le bien qu'elles ont accompli et qui leur inspire d'amers regrets de n'avoir pas
fait plus pour le Dieu qu'elles aiment. Miséricordieuse
tendresse de leur bon Maître, qui permet ces épreuves
afin de donner à ces âmes chéries de son Cœur tout le
mérite du bien qu'elles voudraient avoir fait, qui les
purifie ainsi de leurs moindres souillures, et laisse par
là à ceux qui les entourent d'admirables exemples de
vertu et de foi !

Mme de Noiron ne manquait à aucune de ses pratiques

de piété, quelque fatigue qu'elle dût en éprouver. Elle songeait à tout et à tous, et sa charité inépuisable s'oc· cupait de chacun en particulier. Secours spirituels, aumônes temporelles, consolations à ceux qui souffraient, encouragements et marques d'intérêt à ses protégés, rien de tout cela n'était omis. Quiconque s'approchait de cette chambre de malade, de ce lit de douleur, en emportait un souvenir d'édification qui ne saurait s'effacer. Une personne de sa maison étant tombée malade, elle allait souvent la visiter alors qu'elle-même pouvait à peine marcher. Elle s'informait de son état et veillait sans cesse à ce que rien ne lui manquât.

Mais tout le bien extérieur était dominé chez Mme de Noiron par les grandes pensées de l'éternité. Elle sa·vait qu'elle n'avait plus longtemps à vivre, et cette pensée laissait son âme dans une paix admirable. Parfois elle disait : « Il me semble que j'étais encore un peu utile à mes enfants ; si le bon Dieu le trouve convenable, Il saura bien me guérir. Je ne veux que ce que le bon Dieu veut ; » ajoutait elle aussitôt, accom·plissant ainsi réellement et par ses désirs ces paroles : *Soit par la vie, soit par la mort, que Dieu soit toujours glorifié en vous.*

Enfin arrivèrent ces jours où elle vit qu'elle ne pouvait plus aller bien loin. Elle recevait fréquemment la visite de son Confesseur qui était en même temps l'ami de la famille, et les conversations de ce saint prêtre lui apportaient toujours une nouvelle ferveur et une plus parfaite résignation.

Elle lui demanda un jour s'il ne serait pas bientôt temps de penser aux derniers Sacrements. « Pas encore, répondit il ; quand il en sera temps, je vous en avertirai ; » et elle demeura tranquille.

Les semaines passaient et la pauvre malade s'affaiblissait de plus en plus. Ses enfants étaient revenus auprès d'elle ; elle leur parla de sa mort prochaine avec une sérénité parfaite, leur fit toutes ses recommandations pour le temps où elle ne serait plus, et les exhorta à vivre en fervents chrétiens.

Cependant ayant renouvelé sa demande des derniers Sacrements, on crut devoir accéder à ses désirs, et il fut convenu que cette suprême cérémonie serait fixée au jeudi 6 mars.

La sainte malade s'y prépara avec la plus touchante ferveur, et dès lors ne pensa plus qu'à Dieu.

Ce fut en présence de ses enfants et petits-enfants, de deux ou trois personnes parentes ou amies, et de tous ses domestiques qui lui avaient témoigné pendant sa maladie l'attachement le plus sincère et le dévouement le plus complet, que Mme de Noiron reçut l'Ex-

trême-Onction. Son curé, M. l'Archiprêtre de Soissons,
la lui administra avec une grande émotion, et elle répondit elle même aux prières ; après quoi, ce saint et
vénéré pasteur lui adressa une allocution pleine de
foi, d'espérance et d'amour. Elle écouta avec une visi-
ble consolation ces admirables paroles qui semblaient
élever son âme jusqu'au Ciel.

Lorsque la cérémonie fut terminée, elle appela son
Confesseur. « Seriez-vous assez bon, lui dit elle, pour
vouloir bien passer la nuit dans ma maison ? Qui sait
ce qui peut arriver d'ici à demain matin ? Et je serais
heureuse de vous avoir auprès de moi pour mourir. »
Celui-ci consentit bien volontiers au désir de cette
âme qu'il avait guidée si longtemps dans le chemin de
la plus haute et de la plus austère vertu, et il ne la
quitta pour ainsi dire plus qu'il ne l'eut remise entre
les mains de Dieu.

La présence continuelle d'un prêtre pour l'assister
et l'encourager dans ses derniers moments ne serait-
elle pas la récompense de sa conduite pleine de foi
vis-à-vis des ministres de Dieu sur la terre? A ses yeux,
la présence d'un prêtre était une bénédiction pour une
maison. Aussi combien les idées de foi qui respiraient
dans toute sa conduite, élevaient le cœur et les pensées des Ecclésiastiques qu'elle recevait : *Sic populus,
sic Sacerdos !*

A partir du moment où Mme de Noiron eut reçu l'Extrême-Onction et le Saint Viatique, sa faiblesse augmenta de plus en plus, ses suffocations devinrent plus fréquentes. Le Seigneur venait d'achever dans sa dernière visite Eucharistique de parer cette âme, son épouse, et jaloux de sa beauté, Il voulut sans retard l'appeler à Lui.

Les jours qui suivirent furent des jours d'agonie. Plusieurs fois on crut la dernière heure arrivée. On ne pouvait voir la pauvre malade sans avoir le cœur déchiré, tant elle paraissait souffrir ; elle endura d'affreuses douleurs avec la plus parfaite résignation. Elle répétait sans cesse : « O mon Dieu, ayez pitié de moi, » c'était là toute sa plainte.

La nuit du 9 au 10 mars se passa dans les suffocations et les sueurs de la mort. Le matin du 10 mars, son Confesseur vint la voir ; elle lui demanda encore l'absolution qu'elle avait reçue bien des fois pendant ses derniers jours. Il lui dit : « Je vais célébrer la Sainte Messe ; je la dirai pour vous, et je demanderai pour vous à Dieu par l'intercession de Saint Joseph la grâce d'une bonne mort ; car il me semble que je puis vous répéter cette parole que N. S. J. C. sur la Croix adressa au bon Larron : *Aujourd'hui vous serez avec moi dans le Paradis.* » Elle sourit, et ce sourire était plein d'espérance et de paix. A ce moment, ses enfants arrivèrent ; elle les embrassa et les bénit. Tout à coup sa figure s'altéra ; toutes les personnes de sa maison accoururent. On alla chercher les petits-enfants afin qu'ils reçussent la suprême bénédiction de leur aïeule. Lorsqu'ils vinrent, l'image de la mort avait passé sur ce visage vénéré. Malgré le voile qui couvrait sa vue, elle put cependant encore reconnaître ces chers petits êtres ; ils eurent le dernier regard de ces yeux qui allaient se fermer pour toujours. On récitait les Prières des Agonisants ; pendant qu'on les achevait, elle s'endormit en paix et presque sans que l'on pût s'en apercevoir.

On a observé qu'elle avait dû expirer au moment où finissait la Messe célébrée pour elle en l'honneur de Saint Joseph dans l'Eglise de Saint-Germain.

En présence du cercueil où repose cette humble servante de Dieu, répétons avec la Sainte Ecriture cette parole qu'elle avait si bien comprise : *Ce qui n'est pas éternel n'est rien*, et les avantages de la terre ne sont enviables qu'autant qu'ils sont employés à gagner les biens de l'éternité.

Telle a été cette vie si ordinaire et pourtant si peu commune, où il n'y a rien d'éclatant à admirer et où il y a tant à imiter. Mme de Noiron a réalisé en elle-

même ce qu'elle cherchait dans la Vie des Saints :
« J'ai peu d'attraits, disait-elle souvent, pour ces vies
admirables où les extases, les ravissements et les mi-
racles sont si fort au-dessus de nos moyens ordinaires.
J'aime mieux les Saints dont la vie est plus en rapport
avec la nôtre, ceux qui ont des épreuves et des combats à soutenir, et dont les vertus n'ont été acquises
qu'au prix de triomphes répétés sur eux-mêmes. »

« La grâce est trompeuse, et la beauté est vaine,
dirons-nous avec nos Saints Livres en terminant, mais
la femme qui craint le Seigneur est celle qui sera
louée et qui méritera véritablement de l'être.

« Donnez-lui donc des louanges à cause du fruit de
ses mains et que ses œuvres la louent dans l'assemblée des juges qui savent distinguer le vrai mérite et
lui rendre justice. Elle a ouvert sa bouche à la Sagesse, et la loi de la clémence était sur sa langue,
s'étant fait à elle-même une loi de ne parler qu'avec
douceur et bonté. Elle a été revêtue de force et de
beauté, et elle rira au dernier jour... Ses enfants se
sont levés au milieu de l'assemblée du peuple, et ont
publié qu'elle était très-heureuse » (1).

« Heureux, ajouterons-nous encore, l'homme qui

____

(1) Proverbes. Ch XXXI.

craint le Seigneur, et qui a une volonté ardente d'accomplir ses commandements. Sa race sera puissante sur la terre, et la postérité du juste sera bénie. » (1).

---

(1) Ps. iii. Vêpres du Dimanche.

APPENDICE

La *Semaine Religieuse* du Diocèse de Soissons a eu deux fois un Souvenir pour Mme de Noiron. La première fois, c'était un court article nécrologique publié quelques jours après sa mort ; la seconde c'est un éloge délicat tombé de la bouche la plus haute et la plus autorisée, et à ce titre doublement précieux. On nous permettra de les citer l'un et l'autre :

« Les pauvres de la ville de Soissons viennent de perdre une de leurs plus généreuses bienfaitrices en la personne de Madame Cécile-Agathe-Elisabeth Broquard de Bussières, veuve de Monsieur Louis-Joseph-Etienne Balahu de Noiron, décédée à Soissons, le 10 mars 1879, dans sa 57ᵉ année.

Cette vénérable Dame a passé sa vie dans la pratique de la piété. Elle a été charitable envers les indigents, les malades, les sourds-muets, les aveugles, etc.

Elle a fait donner une éducation chrétienne à bon nombre de jeunes gens dont les parents n'avaient pas de ressources. Les Séminaires, les Maisons religieuses connaissent sa bienfaisance.

Ses bienfaits ne se sont pas concentrés dans le Soissonnais ; le diocèse de Reims en fut aussi très-souvent l'objet.

On peut dire de cette vertueuse dame ce que l'histoire ancienne raconte d'un empereur romain,

> Qu'il soupirait le soir, si sa main fortunée
> N'avait par ses bienfaits signalé la journée.

Mme de Noiron est morte comme elle a vécu, dans la paix du Seigneur. Ses obsèques ont eu lieu jeudi, au milieu d'un concours empressé. Tout le monde tenait à faire savoir à son honorable fils que sa douleur et son deuil étaient partagés. » *(Semaine Religieuse, 22 mars 1879.)*

— « Dans tout ce récit (de son Voyage de Rome, récit fait dans la chaire de la Cathédrale le dimanche qui suivit le retour de S. G.), notre pieux et bon évêque trouva des paroles élogieuses à l'adresse de son Chapitre, de son Clergé, et des personnes charitables de sa ville épiscopale.

Plus d'une paupière devint humide, quand, dans

une allusion délicate, Sa Grandeur mêla ses regrets et ses éloges à ceux que la ville entière exprimait, il y a quelques jours à peine sur la tombe d'une noble et sainte femme dont *l'Eglise des Saints racontera long-temps encore à Soissons les abondantes aumônes. (29 mars 1879. Lettre de M. le chanoine Jacquin dans la* SEMAINE RELIGIEUSE.)

Pendant tout le cours de la longue maladie de Mme de Noiron, Mgr l'Evêque de Soissons est venu fréquemment lui rendre visite et lui apporter sa paternelle bénédiction ; plus que personne il était à même de juger la perte que sa ville épiscopale venait de faire.

Au retour d'un de ses voyages à Rome, il lui avait rapporté une bénédiction toute spéciale de notre Saint Père le Pape.

83

SAINT-QUENTIN

IMPRIMERIE DU CONSERVATEUR DE L'AISNE
5, rue Saint-Jacques, 5

83